Susanna Jarausch • Ilse Stangl

Voll fit in Rechtschreiben

So schaffst du den Sprung ins Gymnasium!

öbv&hpt

Inhaltsverzeichnis

Illustrationen: Elena Obermüller

Umschlaggestaltung und Layout: Pia Moest
Satz: Manuela Strasser
Druck: Manz Crossmedia GmbH&Co KG, Wien
ISBN 3-209-**03737**-X

Bevor du beginnst

Du hast ein neues Ziel.
Du willst dich auf das nächste Schuljahr gut vorbereiten.
Du willst bereits Erlerntes wiederholen.

Dieses Buch kann dich dabei unterstützen:

- Arbeite etwa vier Wochen lang täglich ungefähr 50 Minuten. Mach am Wochenende Pause!
- Wenn du zum ersten Mal mit diesem Buch übst, arbeite die Seiten der Reihe nach durch.
- Besorge dir ein neues Übungsheft, einen schönen Block oder eine hübsche Mappe. Du brauchst auch farbige Stifte, für den Mathematik-Teil ein Geodreieck und für die Deutschteile ein Wörterbuch und ein Lineal.
- Suche dir einen ruhigen Arbeitsplatz und bereite deine Unterlagen (Buch, Heft, Stifte ...) vor. Am besten bewahrst du sie gemeinsam in einer eigenen Ferienübungsschachtel oder -tasche auf.
- Wenn du die Übungen im Buch mit Bleistift in einer netten Schrift schreibst, behältst du leichter den Überblick.
- Lass dir beim Kontrollieren von einem Erwachsenen helfen. Radiere Falsches aus, denn nur Richtiges soll im Buch stehen!
- Vorschlag eines Tagesplanes für einen Ferien-Übungstag:

Am Vormittag:	Ausgeschlafen frühstücken
	30 Minuten konzentriert arbeiten
	An die Luft gehen und bewegen
	Obst essen
	10 Minuten wiederholen
	Spielen oder lesen
	Mittagessen
Am Nachmittag:	Mit Sport oder Freunden einen schönen Nachmittag verbringen
	Viel Wasser trinken
Am Abend:	10 Minuten wiederholen
	Abendessen
	Im Bett noch ein bisschen lesen

Nur konzentrierte Arbeit führt zum Ziel.

Viel Spaß und Erfolg wünschen dir

Ilse und Susanna

Doppelkonsonanten

Über Vokale:	a, e, i, o, u	Sie können kurz oder lang ausgesprochen werden.
Doppelkonsonanten:	ff, ll, mm, nn, pp, rr, ss, tt	Sie machen den Vokal, der davor steht, kürzer.
Merke:	Doppelkonsonanten stehen nur nach Vokalen, also nur nach a, e, i, o, u oder Umlauten, also ä, ö, ü.	**o**ffen, T**e**ller, K**a**mmer, K**a**nne, P**a**ppe, kl**i**rren, R**a**ssel, B**e**tt, k**ä**mmen
Auch das musst du wissen:	Doppelkonsonanten werden beim Abteilen getrennt.	**o**f=fen, T**e**l=ler, K**a**m=mer, K**a**n=ne, P**a**p=pe, kl**i**r=ren, R**a**s=sel
Eine kleine Merkhilfe:	Wenn ein Wort mit einem Doppelkonsonanten geschrieben wird, dann auch die Reimwörter.	Z. B. Bett – fett – Brett – nett

Zusammenfassung:

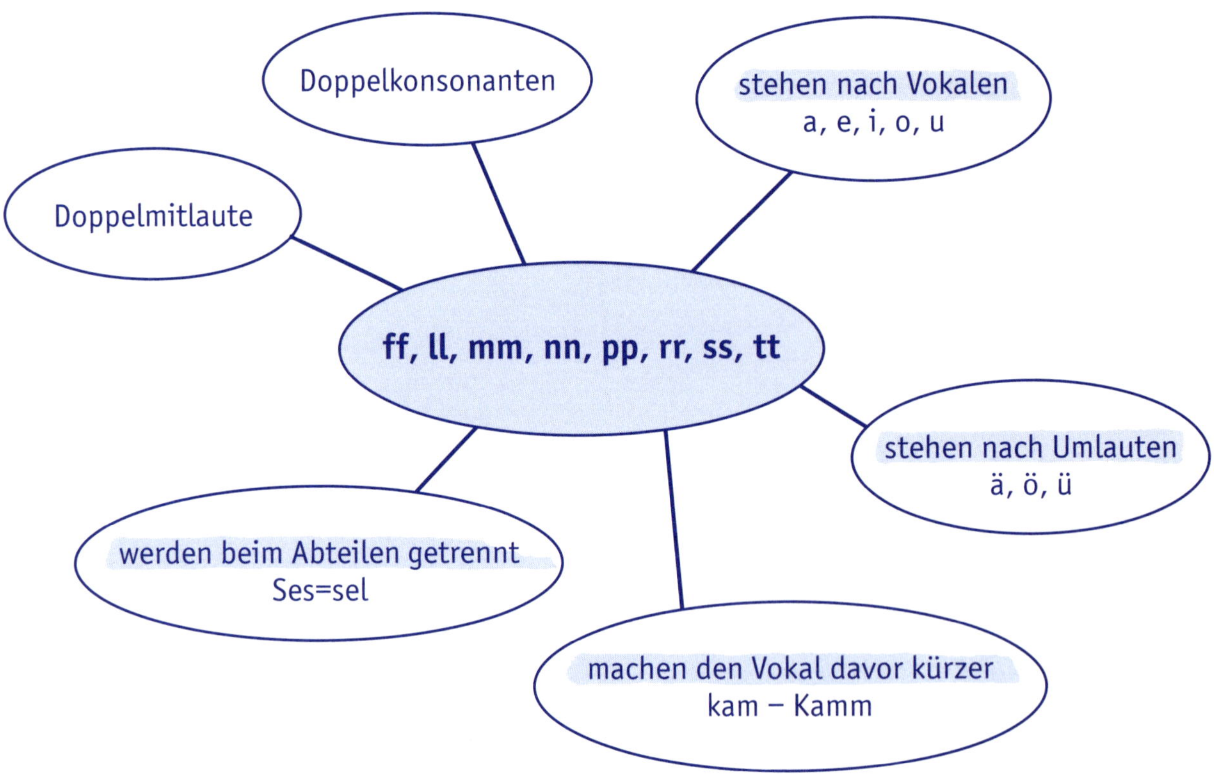

Reime – und du wirst bemerken, dass in jedem Wort ein Doppelmitlaut zu finden ist:

Bett	Kamm	Wille	Mutter	Tanne	Ball
n	Schw	St	B	K	St
f	L	Br	F	Pf	F
Br	D	P	K	W	Kn
adr	St	R			Widerh

Schreibe die folgenden Wörter mit dem jeweils passenden bestimmten Artikel in dein Übungsheft, unterstreiche den Doppelkonsonanten bunt und markiere den Vokal davor mit einem Punkt:

Mutter

der: Affe, Ball, Kamm, Narr, Hass, Schatten, Neffe, Stemmbogen, Senner, Herr, Kessel, Wille, Himmel, Tipp, Irrweg, Riss, Ritt, Koffer, Roller, Galopp, Schotter, Kummer, Kuss, Löffel

die: Waffel, Falle, Wanne, Mappe, Karre, Kassa, Matte, Stelle, Sennerin, Treppe, Messe, Wette, Brille, Stimme, Lippe, Bitte, Kartoffel, Wolle, Tonne, Koppel, Motte, Nummer, Suppe, Nuss

das: Kammerl, Kapperl, Wappen, Wasser, Lasso, Essen, Ross, Treffen, Fell, Wetter, Zimmer, Ripperl, Komma, Motto, Busserl, Futter, Gestell, Kissen, Summen, Schloss

Zusatzübungen für besonders Fleißige:

- Schreib die Wörter noch einmal ab, ordne sie aber diesmal danach, wie sie nach dem Doppelkonsonanten weitergehen. Wie viele Spalten brauchst du? Was fällt dir auf?
- Schreib die Wörter nur dann noch einmal auf, wenn du Reimwörter dazu findest, schreib jeweils alle Reimwörter untereinander auf.
- Schreib Sätze mit den Doppelkonsonanten-Wörtern. Kannst du möglichst viele Wörter mit Doppelkonsonanten in einem Satz unterbringen?

Ordne die folgenden Wörter in deinem Übungsheft nach ihrer Wortfamilie. Du wirst erkennen, dass verwandte Wörter immer wieder den gleichen Doppelmitlaut haben, markiere ihn wie üblich:

gesammelt – gegessen – treffsicher – er isst – Handkuss – geschwommen – geküsst – Treffpunkt – Schwimmbad – getroffen – schwimmt – Sammlung – Kuss – Esstisch – Sammeltrieb

Aus den folgenden Wortfamilien hast du jeweils 3 Wörter gefunden:
essen, küssen, treffen, schwimmen, sammeln.

tz

Merke:	Ein tz steht nur nach kurzen Vokalen, also nur nach a, e, i, o, u oder kurzen Umlauten, also ä, ö, ü.	K**a**tze, Ges**e**tz, s**i**tzen, tr**o**tzdem, p**u**tzen, sch**ä**tzen, M**ü**tze, pl**ö**tzlich
Auch das musst du wissen:	Das tz wird beim Abteilen getrennt, wenn danach e, en, er oder erl steht.	Z. B. Tat=**ze**, Pfüt=**zen**, Ket=**zer**, Put=ze**rl**
Aber:	Steht das tz am Wortende (bei zusammengesetzten Wörtern) oder am Silbenende, bleibt das tz zusammen.	Z. B. Trotz=**kopf**, trotz=**dem**
Ausnahme:	Bei ig-Wörtern wird das tz getrennt.	Z. B. put=z**ig**, trot=z**ig**
Auch das kann dir helfen:	Ein tz im Wortstamm kommt in allen Wörtern der Wortfamilie vor.	Z. B. Gese**tz** – er se**tz**t sich – bese**tz**t

Zusammenfassung:

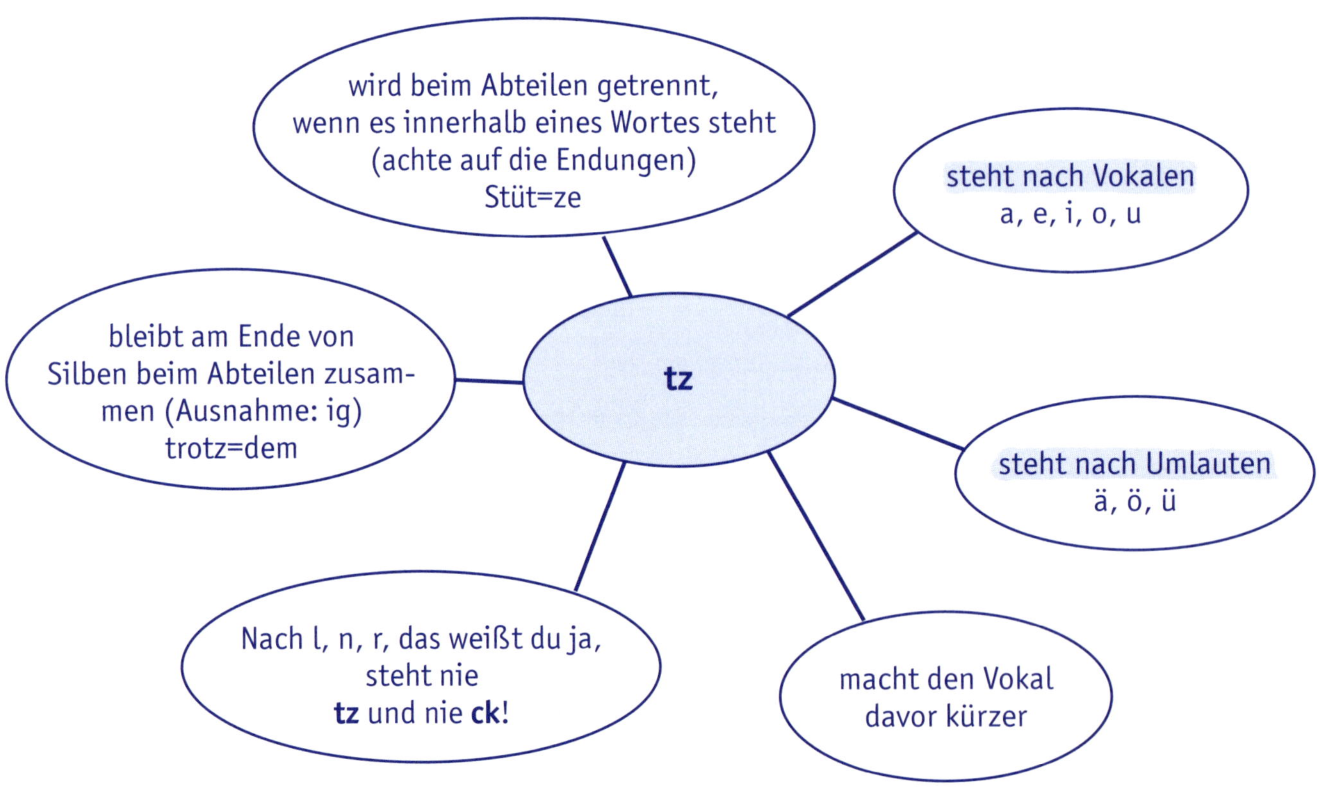

Reime – und du wirst bemerken, dass in jedem Wort ein tz zu finden ist:

Katze	hetzen	flitzen	putzen	Mütze
T	ben	sp	verschm	Pf
Pr	ers	spr	verd	St
Gl	s	s	verk	Sch
Matr	bes	erh	St	n
schm	bef	bes	ben	ben

Schreibe die folgenden Wörter mit dem jeweils passenden bestimmten Artikel in dein Übungsheft, unterstreiche das tz bunt und markiere den Vokal davor mit einem Punkt:

Kạtze

der: Schatz, Platz, Latz, Spatz, Kratzer, Fetzen, Blitz, Witz, Spitzer, Spritzsack, Trotzkopf, Klotz, Schutz, Schmutz

die: Latzhose, Schatzkammer, Platzkarte, Katze, Netzkarte, Sitzplatzkarte, Hitze, Spritzdüse, Spitze, Putzfrau, Stütze, Mütze, Pfütze

das: Platzerl, Katzerl, Pratzerl, Netz, Gesetz, Kitz, Spritzgitter, Putztuch, Nutztier, Plätzchen, Lätzchen, Mützchen, Geschütz

Zusatzübungen für besonders Fleißige:

- Schreib die Wörter noch einmal ab, ordne sie aber diesmal danach, wie sie nach dem tz weitergehen.
  Wie viele Spalten brauchst du?
  Was fällt dir auf?
- Schreib die Wörter nur dann noch einmal auf, wenn du Reimwörter dazu findest, schreib jeweils alle Reimwörter untereinander auf.
- Schreib Sätze mit den tz-Wörtern.
  Kannst du möglichst viele tz-Wörter in einem Satz unterbringen?

Ordne die folgenden Wörter in deinem Übungsheft nach ihrer Wortfamilie. Du wirst erkennen, dass verwandte Wörter immer wieder ein tz haben, markiere es wie üblich:

Spitze – abhetzen – Spitzer – er sitzt – Hetzjagd – Putzmittel – Besitz – geputzt – es wurde geschätzt – Schatzilein – Sitzplatz – Schatzkiste – er putzte – gehetzt – spitz

Aus den folgenden Wortfamilien hast du jeweils drei Wörter gefunden:
sitzen, spitzen, hetzen, putzen, schätzen.

ck

Merke:	Ein ck steht nur nach Vokalen, also nur nach a, e, i, o, u oder Umlauten, also ä, ö, ü.	L**a**ck, w**e**cken, Bl**i**ck, R**o**ck, gl**ü**cklich, S**ä**ckchen
Auch das musst du wissen:	Das ck bleibt beim Abteilen zusammen.	wa**=ck**eln, Lo**=ck**e, Brü**=ck**e
Eine kleine Merkhilfe:	Wenn ein Wort mit einem ck geschrieben wird, dann auch die Reimwörter.	Z. B. Spe**ck** – Dre**ck** – Twe**ck**
Auch das kann dir helfen:	Ein ck im Wortstamm kommt in allen Wörtern der Wortfamilie vor.	Z. B. E**ck** – e**ck**ig – Dreie**ck**

Zusammenfassung:

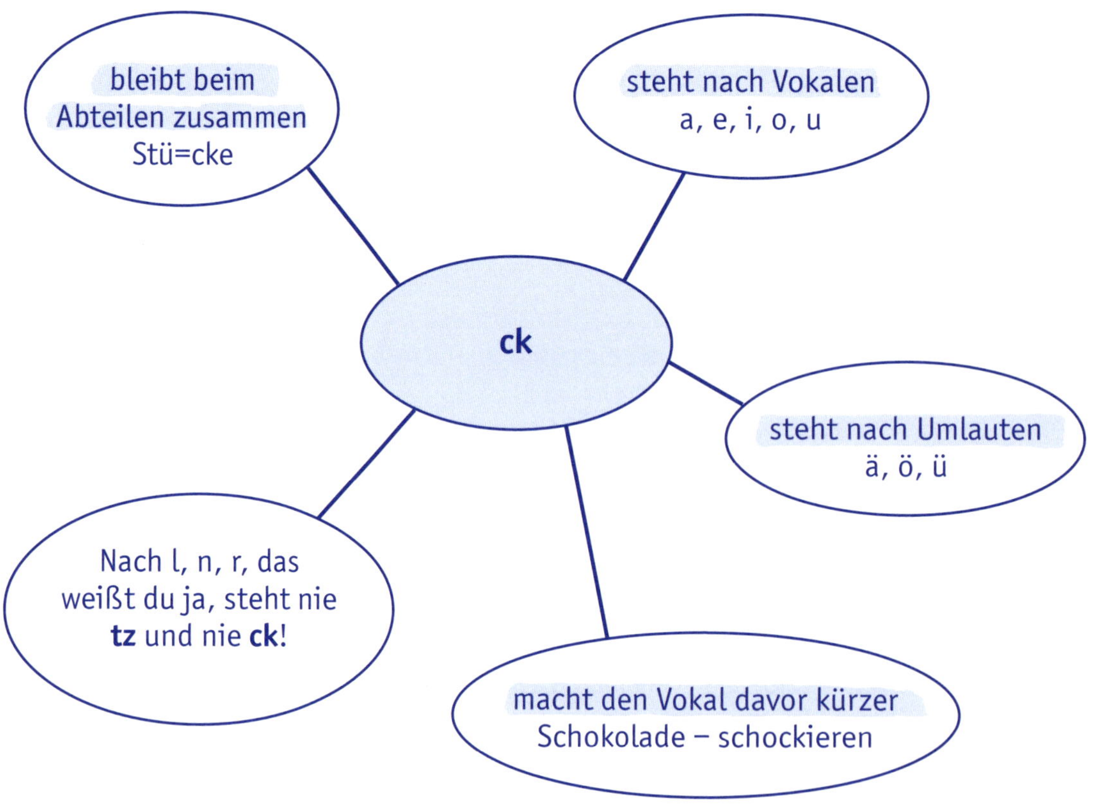

Reime – und du wirst bemerken, dass in jedem Wort ein ck zu finden ist:

Zweck	drücken	hacken	Locke	Stock	Blick	Wecker
Sp	b	b	Fl	B	Tr	l
Dr	gl	N	Gl	Bl	Gen	St
k	Br	kn	H	R	Gesch	Gem
Best	pfl	L			Kn	
	R				T	
	r					

Schreib die folgenden Wörter mit dem jeweils passenden bestimmten Artikel in dein Übungsheft, unterstreiche das ck bunt und markiere den Vokal davor mit einem Punkt:

Bäcker

der: Acker, Lack, Sack, Dackel, Zacken, Wecker, Fleck, Speck, Deckel, Pickel, Blick, Knick, Socken, Bock, Block, Stock, Rock, Rucksack, Kuckuck, Puck, Ruck, Bäcker, Rücken

die: Jacke, Lacke, Hacke, Hecke, Decke, Schnecke, Strecke, Ecke, Stickerei, Locke, Glocke, Hocke, Glucke, Spucke

das: Sackerl, Packerl, Weckerl, Leck, Besteck, Deck, Genick, Bockerl, Stockerl, Zuckerl, Gebäck, Gepäck, Glück

Zusatzübungen für besonders Fleißige:

- Schreib die Wörter noch einmal ab, ordne sie aber diesmal danach, wie sie nach dem ck weitergehen. Wie viele Spalten brauchst du? Was fällt dir auf?
- Schreib die Wörter nur dann noch einmal auf, wenn du Reimwörter dazu findest, schreib jeweils alle Reimwörter untereinander auf.
- Schreib Sätze mit den ck-Wörtern. Kannst du möglichst viele ck-Wörter in einem Satz unterbringen?

Ordne die folgenden Wörter in deinem Übungsheft nach ihrer Wortfamilie. Du wirst erkennen, dass verwandte Wörter immer wieder ein ck haben, markiere es wie üblich:

Bäcker – Lockvogel – Besteck – Lockenwickler – Stecknadel – Gebäck – angelockt – Wecker – er wurde geweckt – gehackt – Hackstock – aufgeweckt – Backstube – Hackordnung – anstecken

Aus den folgenden Wortfamilien hast du jeweils drei Wörter gefunden: backen, stecken, locken, wecken, hacken.

ä-Wörter

	Umlaut a (ä) kommt vor bei ...	
a – ä:	... a-Wörtern, die sich innerhalb ihrer Wortfamilie verändern (z. B. Mehrzahl, Niedlichkeitsform, Steigerungsform, Weiblichkeitsform).	Apfel – **Ä**pfel Katze – K**ä**tzchen lang – l**ä**nger Arzt – **Ä**rztin
au – äu:	... au-Wörtern, die sich innerhalb ihrer Wortfamilie verändern	Baum – B**äu**me Kauz – K**äu**zchen
aa – ä:	... aa-Wörtern, die sich innerhalb ihrer Wortfamilie verändern	Saal – S**ä**le Haar – H**ä**rchen
ä:	... einigen wenigen Wörtern im Wortstamm (kann manchmal aus dem Dialekt hergeleitet werden: Mädchen – Madl Käse – Kas).	B**ä**r, K**ä**se, Tr**ä**ne, K**ä**fig, K**ä**fer, M**ä**dchen, K**ä**nguru, Kr**ä**he, D**ä**mmerung, **ä**hnlich, J**ä**nner, M**ä**rz, S**ä**ge, Gel**ä**nder, M**ä**rchen, L**ä**rm

Zusammenfassung:

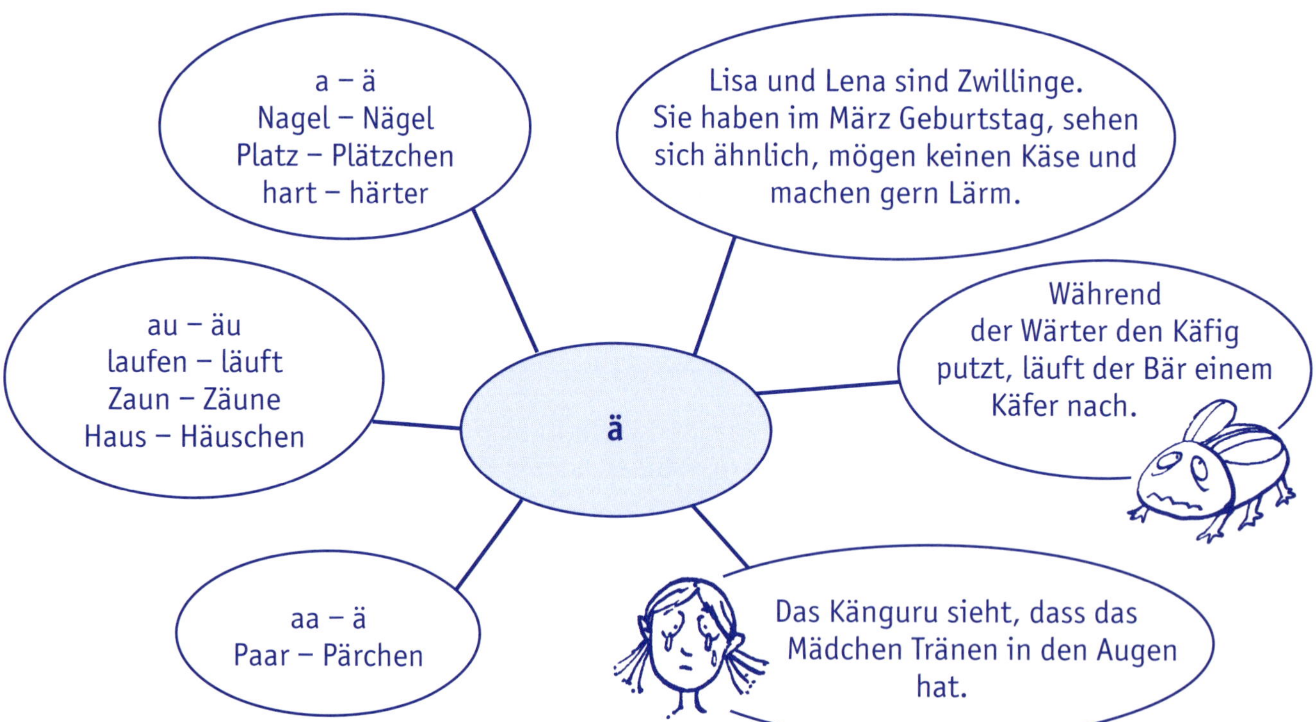

Vervollständige die Tabelle:

Einzahl	Mehrzahl	Niedlichkeitsform
der Garten		
die Maus		
das Haus		

Grundform Positiv	Mehrstufe Komparativ	Meiststufe Superlativ
alt		
lang		
stark		

Trainiere die Wörter mit ä:
Setze das fehlende ä ein und schreib die Sätze in dein Übungsheft:

Die rztin verschreibt dem M dchen ein Medikament.
Der K fer schl ft im Sonnenschein.
Die M nner essen K sebrote.
Elektrische S gen machen L rm.
Fr ulein Lieblich putzt t glich das Stiegengel nder.
Hat Verena im J nner oder im M rz Geburtstag?
Herbert kann die Tr nen nicht l nger zurückhalten.
Schließe deine uglein und tr ume etwas Schönes.

Ordne die folgenden Wörter in deinem Übungsheft nach ihrer Wortfamilie und versuche, den Familiennamen herauszufinden. Du wirst erkennen, dass verwandte Wörter immer wieder ein ä haben, ringle es jeweils ein:

Tränensack – Mäuschen – Ähnliches – Käsebrot – Mädchenname – märchenhaft – Baulärm – Zimmermädchen – es dämmert – Feldmäuse – tränenreich – ähneln – mädchenhaft – Ähnlichkeit – Lärmpegel – Dämmerschlaf – Mäuserich – Krokodilstränen – Streichkäse – lärmende Kinder – Tiermärchen – käsebleich – Abenddämmerung – Märchenbuch

Quiz 1

In den letzten Kapiteln hast du sehr viel gelernt. Auf dieser Quizseite sollst du nun überprüfen, ob du dir alles gemerkt hast.
Beantworte die folgenden Fragen:

Nenne alle Vokale:

____

Nenne alle Umlaute:

____

Nenne alle Doppelmitlaute, die in der deutschen Sprache vorkommen:

____

Nach welchen Lauten kann tz, ck oder ein Doppelmitlaut stehen?

____

Wie werden die Laute vor tz, ck oder Doppelmitlauten gesprochen?

____

Teile richtig ab:

Trommel	______	Rücken	______
Katze	______	Rucksack	______
Blitzschlag	______	Sonne	______
witzig	______	Stimmgabel	______

Erkläre, warum die folgenden Wörter mit ä oder äu geschrieben werden.
Z. B. so: Mäuschen kommt von Maus.

Ärztin –	______	Säle –	______
Häschen –	______	Läuse –	______
Bäumchen –	______	schmäler –	______

Bei den folgenden Wörtern wirst du vielleicht länger nachdenken müssen!

Gehäuse –	______	schnäuzen –	______
enttäuschen –	______	Gämse –	______
aufwändig –	______	belächeln –	______

Reime mit:

Willst du ein kleines Kätzchen locken?
Bind an die Schnur den roten ________________.

Willst du schöne Blumen ________________,
musst du dich hinunterbücken.

Willst du Augengläser nutzen,
musst du sie sorgfältig ________________,
weil sie doch sehr leicht ________________.

Vor dem Frisieren putzt Silke den Kamm
mit einem weichen, nassen ________________.

Täglich zum Frühstück streicht die Mutter
auf Fritzchens Brot ein bisschen ________________.

Suche im folgenden Rätsel alle Wörter mit Doppelkonsonanten, tz oder ck und bemale die Buchstabenfelder. Ein Tipp: Du musst sowohl waagrecht als auch senkrecht lesen.

Für besonders Fleißige:
Schreib die gefundenen Wörter in dein Übungsheft, markiere jeweils den kurzen Vokal!

S	O	M	M	E	R	S	J	A	B	A	L	L	D
C	U	E	W	S	A	C	R	G	L	Ü	C	K	S
H	A	S	S	S	T	H	W	Z	I	M	M	E	R
W	I	S	R	E	K	Ä	T	Z	C	H	E	N	K
A	L	E	I	N	C	T	I	C	K	E	N	H	T
M	A	T	R	A	T	Z	E	W	E	T	T	E	Ü
M	U	T	T	E	R	E	C	H	T	I	G	T	O
L	R	Ü	C	K	E	N	L	T	E	L	L	E	R

Lies nun die übrig gebliebenen Buchstaben von links oben nach rechts unten!

end – ent

end–	Zeigt an, dass das Wort zur Wortfamilie „Ende“ gehört. Es ist der Wortstamm aller Wörter der Wortfamilie **„Ende“**.	En**d**e en**d**lich En**d**ung en**d**gültig been**d**en
Ausnahmen:	Nur wenige Wörter (und deren Wortfamilie!), die nicht zur Wortfamilie „Ende“ gehören, schreibt man dennoch mit **end**.	En**d**iviensalat En**d**oskop (Wie du siehst, handelt es sich hier um Fremdwörter.)
ent–	Hier handelt es sich um eine Vorsilbe.	**ent**scheiden **ent**lassen **ent**nehmen
Über Vorsilben:	Wenn du die Vorsilbe weglässt, bleibt trotzdem ein komplettes Wort übrig, auch wenn der Sinn des Wortes ein anderer ist.	**ent**schließen – schließen **ent**führen – führen
Auch das musst du wissen:	Nicht immer bleibt ein Wort über, das du für komplett hältst! Hilf dir mit den Zeitwörtern aus dieser Wortfamilie, wenn du unsicher bist!	Entwicklung – Wicklung**?** entwickeln – wickeln✓ Entstehung – Stehung**?** entstehen – stehen✓

Zusammenfassung:

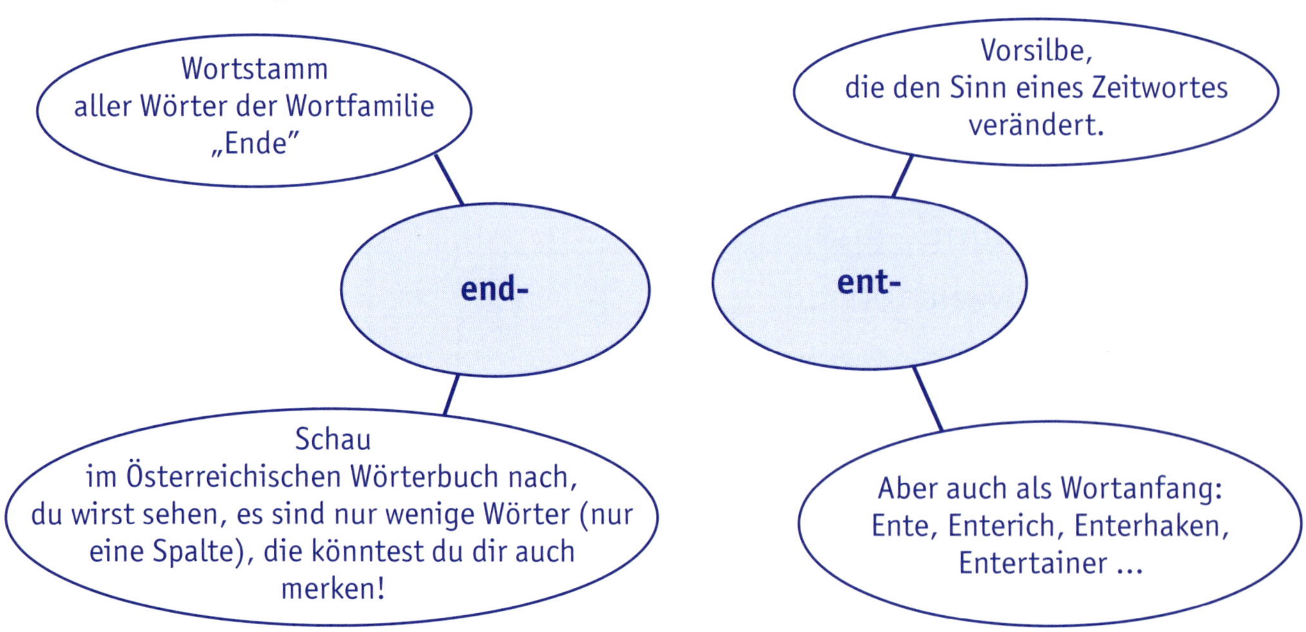

Schreib die Sätze in dein Übungsheft. Setze dabei die Silben end- oder ent- sinngemäß richtig ein:

___lich begannen die großen Ferien. Klemens kam das letzte Schuljahr fast ___los lang vor. ___täuscht musste er bemerken, dass sein Zeugnis schlechter als erwartet ausgefallen war. ___weder hatte sich der Herr Lehrer geirrt, oder seine Leistungen hatten wirklich so ___setzlich nachgelassen. Nun war es leider ___gültig zu spät, um sich noch zu verbessern, musste Klemens ___setzt feststellen. Mit den besten Wünschen für die Zukunft ___ließ der Herr Lehrer seine Klasse. Mit freundlicher Miene trat er Klemens ___gegen: „Zeig in der nächsten Schule, dass un___lich mehr in dir steckt!", gab er seinem Schüler als guten Rat mit auf den Weg. „Das werde ich machen!", ___gegnete Klemens erleichtert und ging zum letzten Mal den Schulgang ___lang.

Schreib die folgenden Wortgruppen in dein Übungsheft, setze dabei die Silben end- oder ent- sinngemäß richtig ein:

end-: eine Arbeit be___en, bis zum ___e durchhalten, ___los warten müssen, im ___spurt gewinnen, die ___ung des Wortes beachten

ent-: einen Fleck ___fernen, der Strafe ___gehen wollen, sich der Stimme ___halten, die Mutter ___lasten, einer Gefahr ___ronnen sein

---

Setze auch in den folgenden Wortgruppen die Silben end oder ent sinngemäß richtig ein!

ein Buch vom Anfang bis zum ___e durchlesen

für ein ___wicklungsland spenden

___setzt zurückweichen

___lich Zeit zum Spielen haben

___los warten müssen

die eigene ___täuschung verbergen

keine ___gültige Lösung finden können

völlig ___kräftet sein

das – dass

das	bestimmter Artikel, sächlich, Einzahl (EZ)	**das** Kind, **das** Auto, **das** Mädchen, **das** Spiel …
Erkennungshilfen:	Setze den Satz in die Mehrzahl (MZ)!	**Das** Kind spielt. **Die** Kinder spielen.
	Du kannst dir mit dem Dialekt helfen.	**des** Madl …
das	bezügliches Fürwort	Ein Spiel, **das** Spaß macht.
Erkennungshilfen:	Ersetze es durch das Wort „welches“.	Ein Spiel, **welches** Spaß macht.
	Auch hier erleichtert der Dialekt das Erkennen.	…, dös Spaß mocht.
dass	Bindewort	Ich hoffe, **dass** es richtig ist!
Erkennungshilfen:	Steht z. B. nach: ich weiß, ich hoffe, ich glaube, ich merke, ich sehe, ich finde, ich denke	Ich finde, **dass** es einfach ist!
	Kann durch kein anderes Wort ersetzt werden!	Dialekt: Des Kind glaubt, dass des schwer ist.
Besonders schwierig:	Wenn in einem Satz dass und das verwendet werden, kann es manchmal schwieriger werden.	Das Kind weiß, dass das schwierig ist.

Zusammenfassung:

Das Kind weiß, **dass das** schwierig ist

Artikel
(MZ: Die Kinder wissen, dass das schwierig ist.)

Bindewort
steht oft nach: weiß, hoffe, glaube, merke, sehe, finde, denke

Fürwort
etwas, eine bestimmte Sache

Fülle die fehlenden Wörter ein. Schreib die Sätze in dein Übungsheft. Ersetze dabei die fett gedruckten Satzteile jeweils durch die Wörter das oder dass:

Ein Mädchen erkennt, _____ **diese Sache** schwierig ist. **Ein** Auto, **welches** vor dem Haus steht, gehört meiner Mutter. **So etwas** gibt es doch gar nicht, _____ du **die Aufgabe** nicht verstehst! _____ du **mein** Heft so rasch gebracht hast, freut mich sehr. **Katjas** Kätzchen, **welches** kürzlich entlaufen ist, wurde wieder gefunden. **Es** ist bedauerlich, _____ du **dieses** Spiel schon wieder verloren hast! **Jenes** Kostüm, **welches** Robert bei der letzten Faschingsparty anhatte, war toll.

Schreib die folgenden Wortgruppen in dein Übungsheft, setze dabei die Wörter das oder dass sinngemäß richtig ein:

wissen, _____ es bald beginnen wird; _____ Kind aus der Schule holen; hoffen, _____ es nicht regnen wird; sehen, _____ die Größe passt; _____ Tier an der Leine führen; _____ Geld, _____ in der Lade war, suchen; _____ Wasser, _____ im Glas war, ist abgestanden; glauben, _____ der Sommer bald zu Ende sein wird; _____ Spiel beenden

---

Setze auch in den folgenden Sätzen die Wörter das oder dass sinngemäß richtig ein!

_____ Kaninchen, _____ im Käfig sitzt, heißt Poppel. Paula weiß, _____ sie _____ Kaninchen regelmäßig füttern muss. _____ Wasser soll immer frisch sein. _____ Obst und _____ Gemüse dürfen nicht nass sein. Es ist wichtig, _____ _____ Heu oft gewechselt wird. _____ Kaninchen soll sich im Käfig wohl fühlen, _____ hat sich Paula fest vorgenommen. Manchmal merkt _____ Mädchen, _____ _____ Kaninchen gestreichelt werden möchte. Gerne nimmt Paula _____ Tier in den Arm, um _____ weiche Fell zu streicheln. Man kann richtig sehen, _____ Poppel die Streicheleinheiten genießt. Es ist gut, _____ sich Paula so sehr um _____ Kaninchen kümmert. „Ich wusste, _____ du so verantwortungsvoll mit Poppel umgehen wirst!", meinte Paulas Mutter erst kürzlich. _____ freute _____ Mädchen sehr.

paar – Paar

Die Wörter paar und Paar, die du hier üben sollst, klingen völlig gleich, nur durch ihre unterschiedliche Bedeutung kannst du erkennen, ob du das Wort mit großem oder kleinem Anfangsbuchstaben schreiben musst.

paar	Dieses Wort ist ein unbestimmtes Zahladjektiv.	Man kann es auch Indefinitpronomen nennen.
paar	Bezeichnet eine kleinere Menge, man weiß die genaue Anzahl jedoch nicht.	ein paar Äpfel, ein paar Kinder, ein paar Tage, ein paar Wochen …
Paar	Dieses Wort ist ein Namenwort, das erkennst du am großen Anfangsbuchstaben und an der Möglichkeit, einen Artikel davor zu stellen: **das P**aar Schuhe	Es ist ein Substantiv für Maß oder Mengenbezeichnung.
Paar	Bezeichnet zwei Stück, die beiden müssen allerdings zusammengehören.	ein Paar Schuhe, ein Paar Schi, ein Paar Handschuhe, ein Paar Socken …

Zusammenfassung:

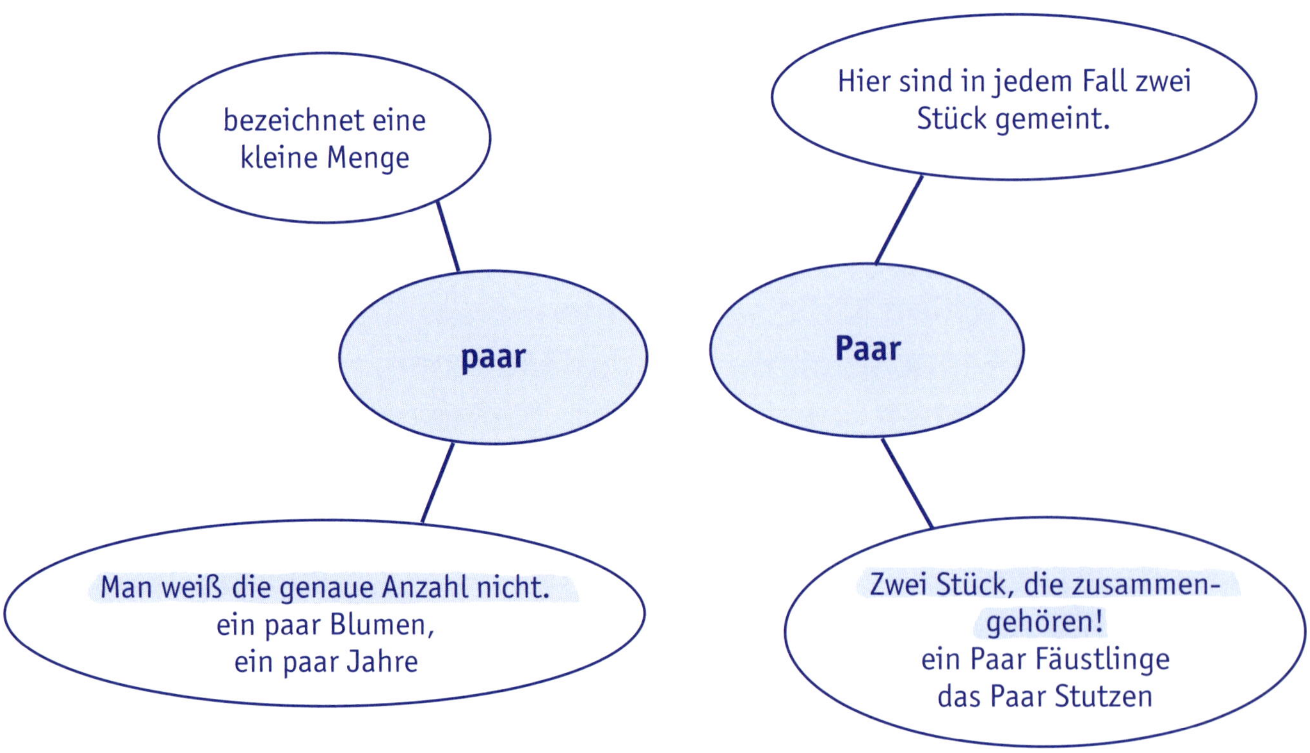

Schreib die folgenden Wortgruppen in dein Übungsheft, setze dabei die Wörter Paar oder paar sinngemäß richtig ein:

Paar: ein ___ Socken, ein ___ Sandalen, ein ___ Handschuhe, ein ___ Ohrringe, ein ___ Schuhe, ein ___ Rollschuhe, ein ___ Fäustlinge, ein ___ Schlapfen, ein ___ Eislaufschuhe, ein ___ Stiefel, ein ___ Würstel

paar: ein ___ Blumen pflücken, ein ___ Münzen einstecken, ein ___ Kinder kennen lernen, ein ___ Minuten später, ein ___ Bücher lesen, ein ___ Äpfel kaufen, ein ___ Ideen haben, ein ___ Spielsachen wegräumen, ein ___ Geschenke bekommen, ein ___ Freunde einladen

---

Setze auch in den folgenden Sätzen die Wörter Paar oder paar sinngemäß richtig ein!

In Großmutters Schuhschrank befinden sich viele Schuhe. Ein ___ Stiefel ist dort zu finden, ein ___ Sandalen, aber auch mehrere ___ Halbschuhe. In der Lade daneben hebt Oma Krimskrams auf. Ein ___ Münzen aus fremden Ländern, ein ___ Knöpfe, aber auch ein schönes ___ Ohrringe liegen darin. Im Fach darunter befinden sich ein ___ Schals und mehrere ___ Handschuhe. Schon in ein ___ Wochen wird es kälter, dann braucht die Großmutter diese Sachen sicher.

Schreib die Sätze in dein Übungsheft. Ersetze dabei die fett gedruckten Satzteile jeweils durch **ein paar** oder **ein Paar**:

Vor **einigen** Tagen machte Ulli mit **mehreren** Freundinnen einen Ausflug. Zur Sicherheit packte das Mädchen auch **seine** Rollerblades ein. Schon nach **wenigen** Minuten beschloss Ulli, die Rollschuhe anzuziehen. Nun ging es deutlich flotter voran. Sie flitzte vorbei an **etlichen** Spaziergängern, überholte sogar **einige** Radfahrer. Als sie jedoch **einen Strauß** Blumen pflücken wollte, bremste sie zu plötzlich ab und fiel hin. Gut, dass sie sowohl **ihre** Knieschützer als auch **die** Ellenbogenschützer und **die** Handschützer angelegt hatte. Leider hatte sie aber bei ihrem Sturz den linken Ohrring verloren. Sie hatte erst zu ihrem Geburtstag vor **einigen** Wochen **diesen Schmuck** von ihren Eltern bekommen.

viel – fiel

Über das Wort viel:	**v**iel Geld **v**iel Wasser **v**iel Geduld	Dieses Wort bezeichnet eine größere **Menge.**
Verwandte Wörter:	**v**iele **v**ielleicht	viel Geld – viele Münzen
Über das Wort fiel:	Er **f**iel vom Baum. Ihr **f**iel etwas ein. Es **f**iel einfach um.	Dieses Wort gehört zur Wortfamilie **fallen.** Es steht in der 3. Person Einzahl in der Mitvergangenheit.
Verwandte Wörter:	einfallen, auffallen, hinfallen, umfallen, herunterfallen, hinunterfallen	Mir **fiel** etwas **ein**. Ihm **fiel** etwas **auf**. Sie **fiel hin**. Etwas **fiel um**. Es **fiel herunter**.
Hilfe:	Wenn du unsicher bist, setze den Satz in eine andere Zeit!	**F**iel dir das auf? ⇨ Ist dir das aufge**f**allen?

Zusammenfassung:

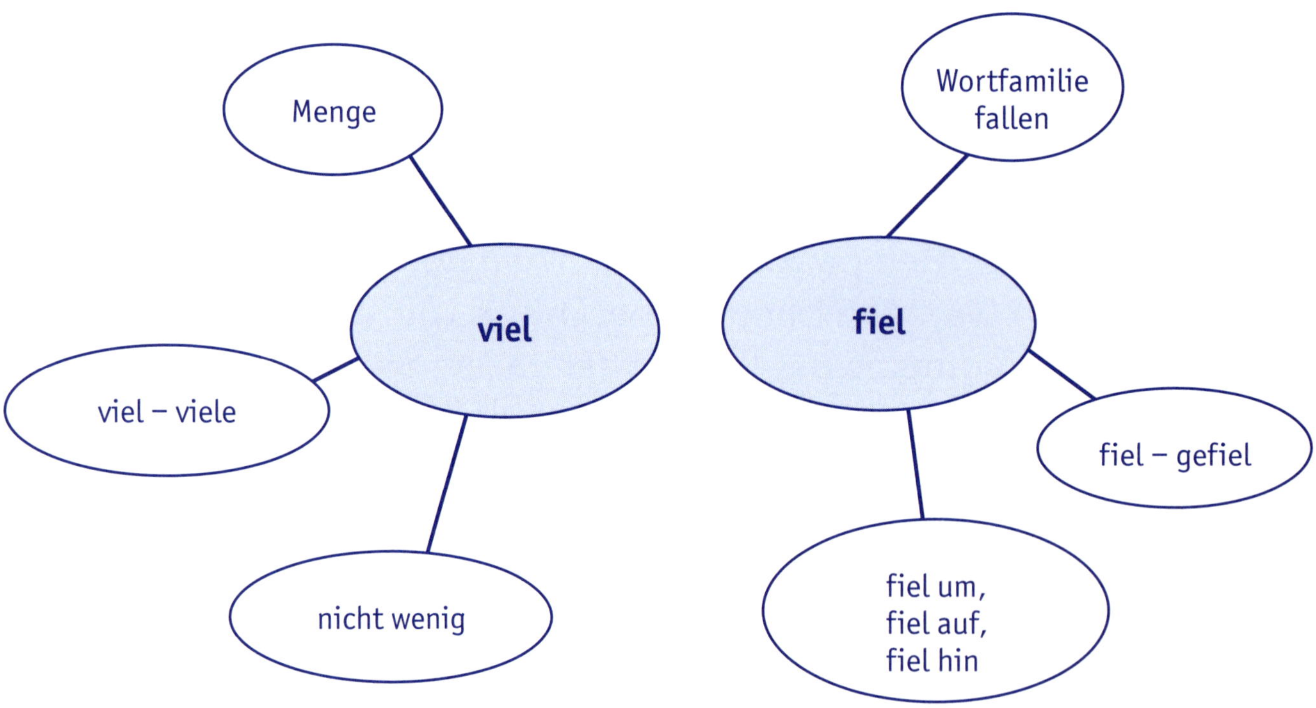

Schreib die Sätze in dein Übungsheft. Ersetze dabei die fett gedruckten Satzteile jeweils durch die Wörter viel oder fiel:

Jeden Morgen trinkt Julia eine **große Menge** Tee. Eines Tages **rutschte** ihr die Teetasse vom Tisch. Sie **stürzte** auf den Boden und zerbrach sofort. Wie gut, dass nicht mehr **so eine große Menge** in der Teetasse war. Dennoch schimpfte Julias Mutter **sehr**. Da **schoss** dem Mädchen etwas ein: „Ich habe noch **einiges** Geld in meinem Sparschwein. Morgen kaufe ich eine neue Tasse." Da **nahm** die Mutter Julia um den Hals und bedankte sich **oft**mals.

Schreib die folgenden Wortgruppen in dein Übungsheft, setze dabei die Wörter viel oder fiel sinngemäß richtig ein:

viel: ___ Schnee, ___ Sand, ___ Regen, ___ Hausübung, ___ Eis, ___ Arbeit, ___ Wasser, ___ Geld, ___ Zeit, ___ Spaß

fiel: er ___ vom Baum, er ___ hin, er ___ um, es ___ auf, es ___ mir nicht ein, es ___ mir schwer, sie ___ in einen leichten Schlaf, etwas ___ herunter

---

Setze auch in den folgenden Sätzen die Wörter viel oder fiel sinngemäß richtig ein!

Der Apfelbaum trug im Vorjahr besonders ___ Obst. Werner richtete die große Leiter her, da ___ ihm ein, dass er auch noch einen Korb holen müsse. Flink lief er über den Gartenweg, stolperte aber und ___ hin. ___ Blut lief von seinem Knie über die Waden. Leider hatte seine Mutter zu ___ zu tun, um ihn zu verarzten, also kam seine Oma. Schluchzend ___ er ihr in die Arme. Oma hatte ___ zu tun, um Werner zu trösten. Außerdem ___ ihr auf, dass gar nicht mehr ___ Verbandszeug im Haus war. Als Werner verarztet war, ___ er in einen tiefen Schlaf.

Quiz 2

In den letzten Kapiteln hast du sehr viel gelernt. Auf dieser Quizseite sollst du nun überprüfen, ob du dir alles gemerkt hast.
Beantworte die folgenden Fragen:

Zu welcher Wortfamilie gehört das Wort „fiel“?

___

Wie viel Stück sind gemeint, wenn von einem „Paar“ die Rede ist?

___

Zu welcher Wortfamilie gehören Wörter mit der Silbe „end“?

___

Wie heißt der sächliche bestimmte Artikel in der Einzahl?

___

Wie viel Stück sind gemeint, wenn von „ein paar“ die Rede ist?

___

Nenne zwei Wörter, die mit dem Wort „viel“ verwandt sind.

___

Setze in Frau Tratschmeisters Telefonat ein:
das, dass, end oder ent

Ist ____ nicht ____setzlich?
Eben habe ich erfahren, ____ der Hund
meiner Nachbarin ____laufen ist. ____ arme
Tier! ____weder hat es sich verlaufen oder es
hat sich gar verletzt. Sonst kann ich es mir nicht
erklären, ____ ____ Tier nicht mehr heimgekom-
men ist. Meine Nachbarin tut mir un____lich leid.
Sie kann diese ____täuschung nur schwer
verkraften. So, nun muss ich ____
Gespräch be____en, denn ____
Handy läutet!

Reime mit:
(Du musst viel oder fiel einsetzen.)

Ein Seemann namens Karsten Kiel
einst vom Schiff ins Wasser ______.

Kläuschen kam zuerst ins Ziel,
was ihm natürlich gut ge______.

Kennst du dieses neue Spiel?
Leider kostet es sehr ______.

Omas alter Besenstiel
gestern aus dem Fenster ______.

In Ägypten, nah beim Nil
regnet es zur Zeit sehr ______.

Schreibst du einen guten Stil,
bekommst des Lobes du sehr ______.

Ordne die folgenden Begriffe den Wörtern Paar oder paar zu, indem du sie durch Linien verbindest:

Würstel		Handschuhe
Schi	Paar	Steine
Zuckerl		Münzen
Kinder		Sandalen
Ohrringe	paar	Stiefel
Socken		Erdäpfel
Hefte		Bücher

v-Wörter

Es gibt drei große Gruppen der Wörter mit v oder V:

vor-: **ver-:**	Wörter mit den Vorsilben ver- oder vor-	lassen – **ver**lassen – **vor**lassen
Klingt wie W:	In manchen Wörtern hörst du ein W, schreibst aber ein V.	Violine, Klavier, Vase, violett, Vanille, Vene, Verb, dividieren, Villa, Viper, Virus, Vulkan, November
Klingt wie F:	In manchen Wörtern hörst du ein F, schreibst aber ein V.	Veilchen, vier, viel, vielleicht, voll, vor, vom, von, Vater, Lokomotive, Vogel, Volk
Lerntipp:	Hier sind die wichtigsten v-Wörter gesammelt. Es sind nicht allzu viele – lerne sie auswendig!	

Zusammenfassung:

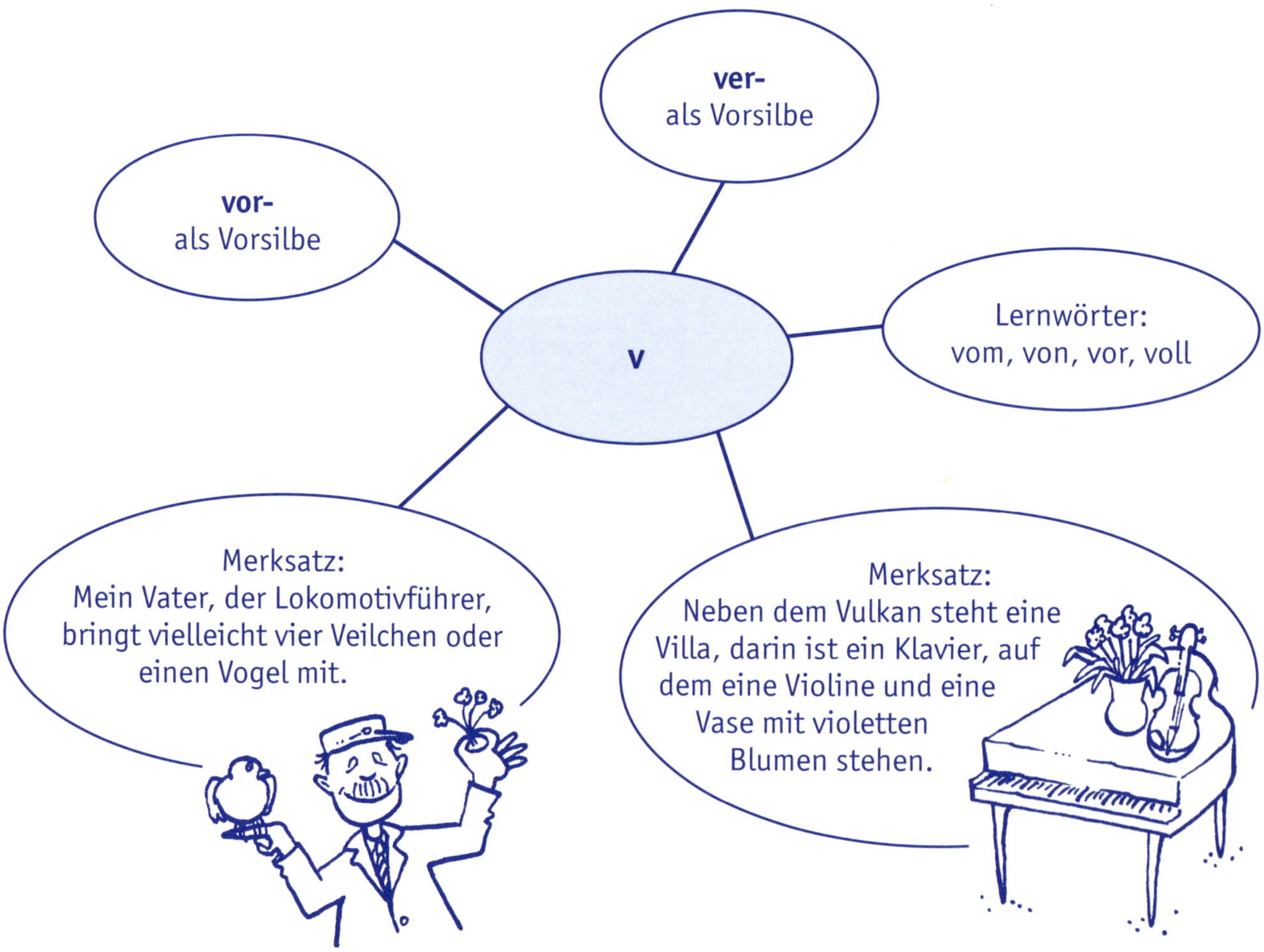

Schreib die Sätze in dein Übungsheft. Setze die fehlenden Silben ver- oder vor- ein:

___ige Woche hatte die 4c ihre ___läufig letzte Ansage. Etwas ___eilig ___kündete Anita: „Noch be___ unsere Frau Lehrerin die Hefte ___teilt, weiß ich, dass ich fehlerlos gearbeitet habe! Ich war perfekt ___bereitet!“ „Sicher muss ich wieder viele Wörter ___bessern!“, jammerte Leo, dem die Rechtschreibung meist schwer fiel. „___gesst doch die Ansage, Leute, die Ferien stehen vor der Tür!“, ___breitete Anton seine Meinung lautstark. „Ganz bestimmt ___ändert diese Ansage unsere Deutschnoten nicht mehr!“, fügte er noch ___schmitzt hinzu.

Schreib die folgenden Wortgruppen in dein Übungsheft, setze dabei die Lernwörter vom, von, vor und voll sinngemäß richtig ein:

vom: ___ Urlaub zurückkommen, ___ Pferd fallen, ___ Wind zerzaust werden

von: ___ allen guten Geistern verlassen sein, ___ Freunden kommen, ___ jemandem etwas lernen

vor: ___ Angst zittern, ___ Rührung weinen, ___ der Klasse frei sprechen müssen

voll: das Glas ist ___, sich ___ konzentrieren, ___auf zufrieden sein

---

Löse das folgende Silbenrätsel! Alle Lösungswörter und auch das Kontrollwort haben ein v.

Rechenart

Tier, das fliegen kann

Elternteil

Frühlingsblume

tolles Haus

Feuer speiender Berg

CHEN – DI – GEL – KAN – LA – SION – TER – VA – VEIL – VI – VIL – VO – VUL

Großschreibung

Das weißt du schon:

In der deutschen Sprache werden …

… Satzanfänge	mit großem Anfangsbuchstaben geschrieben.
… Nomen (Namenwörter)	mit großem Anfangsbuchstaben geschrieben.
… alle anderen Wörter	mit kleinem Anfangsbuchstaben geschrieben.

Aber:

Es gibt Wortgruppen, in denen …

… Verben (Zeitwörter) als Nomen verwendet werden, und du musst sie daher mit großem Anfangsbuchstaben schreiben!	Z. B.: **zum Z**eichnen, **beim B**asteln, **vom T**urnen, **das Ü**ben … Aber: **zum z**eichnenden **Kind** schauen
… Adjektive (Eigenschaftswörter) als Nomen verwendet werden, und du musst sie daher mit großem Anfangsbuchstaben schreiben!	Z. B.: **das S**chöne, **wenig N**eues, **nichts G**utes, **etwas L**ustiges, **manches T**olle … Aber: **das s**chöne **Geschirr** verwenden

Merke:

Nach zum, beim, vom, das schreibt man Verben mit großem Anfangsbuchstaben.
Nach wenig, nichts, etwas, manches schreibt man Adjektive mit großem Anfangsbuchstaben, außer es folgt ein Nomen!

Zusammenfassung:

Groß-/Kleinschreibung
Unterscheide:

als Nomen verwendet

Das Gute an der Sache ist, dass …
Das Kochen macht Sebastian Spaß.
Hilfe: Gute und Kochen kann in den Sätzen nicht weggelassen werden!

als Beifügung verwendet

Klaus kauft **das** gute **B**rot.
Hilfe: Das Wort „gute" kann weggelassen werden, es bleibt ein sinnvoller Satz stehen. Also ist es eine Beifügung!

Schreib die Sätze in Schreibschrift in dein Übungsheft.
Achte dabei auf die Groß- oder Kleinschreibung!

SABINE GEHT ZUM REITEN IN DEN STALL. DAS KLEINE MÄDCHEN HÖRT BEIM SATTELN DES PONYS MERKWÜRDIGE GERÄUSCHE AUS DER NACHBARBOX. SABINE SCHAUT HINÜBER, KANN ABER NICHTS UNGEWÖHNLICHES ENTDECKEN. DOCH, HALT! IN DER ECKE DER BOX, UNTER DEM STROH VERSTECKT, SIEHT SIE ETWAS NIEDLICHES: DIE KATZE MINKA HAT IN DER NACHT IHRE JUNGEN BEKOMMEN. DAS SCHAUEN ÜBER DIE TRENNWAND HAT SABINE MÜDE GEMACHT. DENNOCH SATTELT SIE IHR PONY FERTIG UND REITET AUS. „WENN ICH VOM REITEN ZURÜCKKOMME, WERDE ICH NOCH EINMAL DIE JUNGEN KÄTZCHEN BESUCHEN!“, NIMMT SICH DAS MÄDCHEN VOR.

Ordne die Wortgruppen richtig zu (wenn du mehr Platz benötigst, schreib in dein Übungsheft):

das Schwimmen erlernen, das Kochen beherrschen, das neue Auto bewundern, das schöne Kleid anziehen, nichts Neues erfahren, die neuen Schuhe anziehen, die schwimmende Kerze verwenden, in das kochende Wasser geben, etwas Schönes träumen, Klebstoff zum Basteln brauchen

Beifügung	als Nomen verwendet

Setze die fehlenden Anfangsbuchstaben ein, überlege gut, ob groß oder klein!

beim _nziehen beeilen, vom _esen klug werden, wenig _chönes erleben, etwas _eues bekommen, zum _ssen eingeladen werden, das _pielen unterbrechen, wenig _üßes essen, das _leine Kätzchen beobachten, das _eue Spiel ausprobieren, vom _rbeiten müde sein, ein _eues Stofftier bekommen, etwas _ustiges erleben, nichts _ltes wegwerfen wollen, das _chöne Heft herzeigen, etwas _nteressantes sammeln, zum _asteln verwenden, das _pielende Kind beobachten

-ung, -nis, -heit, -keit, -schaft, -tum, -sal

Alle Wörter, die auf die Silben **-ung, -nis, -heit, -keit, -schaft, -tum, -sal** enden, sind Nomen und werden daher in jedem Fall mit großem Anfangsbuchstaben geschrieben.

-ung	weist auf weibliche Namenwörter hin:	die Verbesserung, die Ernährung, die Beschuldigung
-nis	weist auf sächliche Namenwörter hin:	das Begräbnis, das Hindernis, das Ereignis
-heit	weist auf weibliche Namenwörter hin:	die Schlauheit, die Weisheit, die Offenheit
-keit	weist auf weibliche Namenwörter hin:	die Übelkeit, die Betriebsamkeit, die Heiterkeit
-schaft	weist auf weibliche Namenwörter hin:	die Wissenschaft, die Wirtschaft, die Eigenschaft
-tum	weist auf männliche oder sächliche Namenwörter hin:	das Eigentum, der Reichtum, das Wachstum
-sal	weist auf weibliche oder sächliche Namenwörter hin:	das Schicksal, die Trübsal, das Labsal

Zusammenfassung:

Endet das Wort auf
-ung, -nis, -heit, -keit, -schaft, -tum, -sal,
ist es ein Nomen, auf jeden Fall!

Lern diesen Spruch auswendig, denn:

Nomen, die diese Endsilben haben, sind von ihrer Bedeutung her oft schwer als Nomen zu erkennen, weil sie meist keine „greifbaren" Dinge bezeichnen. Dennoch sind sie Namen z. B. für Zustände, Ereignisse usw.

Schreib zu jedem der folgenden Verben das passende Nomen mit Artikel in die unten stehende Tabelle:
hindern, verbessern, versichern, begraben, ändern, ärgern, strahlen, beleidigen, wagen, ereignen

-ung	-nis

Achtung – bilde nun die Mehrzahlformen der Wörter auf -nis.
Beachte: Die Wörter enden nun auf -n**iss**e, z. B. Gefäng**nis** – Gefäng**nisse**.

Schreib die folgenden Wortgruppen in dein Übungsheft, setze dabei die Silben -heit oder -keit sinngemäß richtig ein:

auf die Gesund achten, die Heiter bewahren, vor Zufrieden strahlen, die Betriebsam bewundern, vor Müdig einschlafen, ein Mittel gegen die Übel einnehmen, auf ihre Weis vertrauen, die Einsam genießen, seine Offen schätzen, die Trocken bekämpfen

---

Setze auch in den folgenden Wortgruppen die Silben -schaft, -tum oder -sal sinngemäß richtig ein!
Ringle den großen Anfangsbuchstaben bei den Wörtern auf -schaft, -tum und -sal ein.

seinem Schick nicht entkommen können,
das Eigen verteidigen,
eine gute Eigen haben,
keine Trüb blasen,
den Reich der anderen bewundern,
einer Bruder angehören,
eine Seil beim Klettern beobachten,
einem Irr unterliegen

Verben enden in der 3. Person Einzahl auf -t

Über die 3. Person Einzahl:	er sie es	Das sind die persönlichen Fürwörter in der 3. Person Einzahl.
Achte auf die Endung:	er lern**t** sie schreib**t** es geh**t**	Verben enden in der 3. Person Einzahl auf **-t**.
Über das Verb:	geh**en** – geh**t** schreib**en** – schreib**t** lern**en** – lern**t**	Verben enden in der Nennform auf **-en**, in der 3. Person EZ auf **-t**.
Auch das musst du wissen:	Auch Namen, Dinge usw., also Nomen mit und ohne Artikel, verlangen das Verb in der 3. Person EZ.	Der Wind bläs**t.** Nina schläf**t.** Die Katze schleich**t.**
Aufpassen:	In manchen Sätzen stehen das Verb und die Person nicht direkt nebeneinander!	**Geht** auch **Sandra** in diese Schule?
Merke dir besonders:	er, sie, es	Das Verb endet auf **-t**.
Ausnahme:	ich werde – sie wir**d**	

Zusammenfassung:

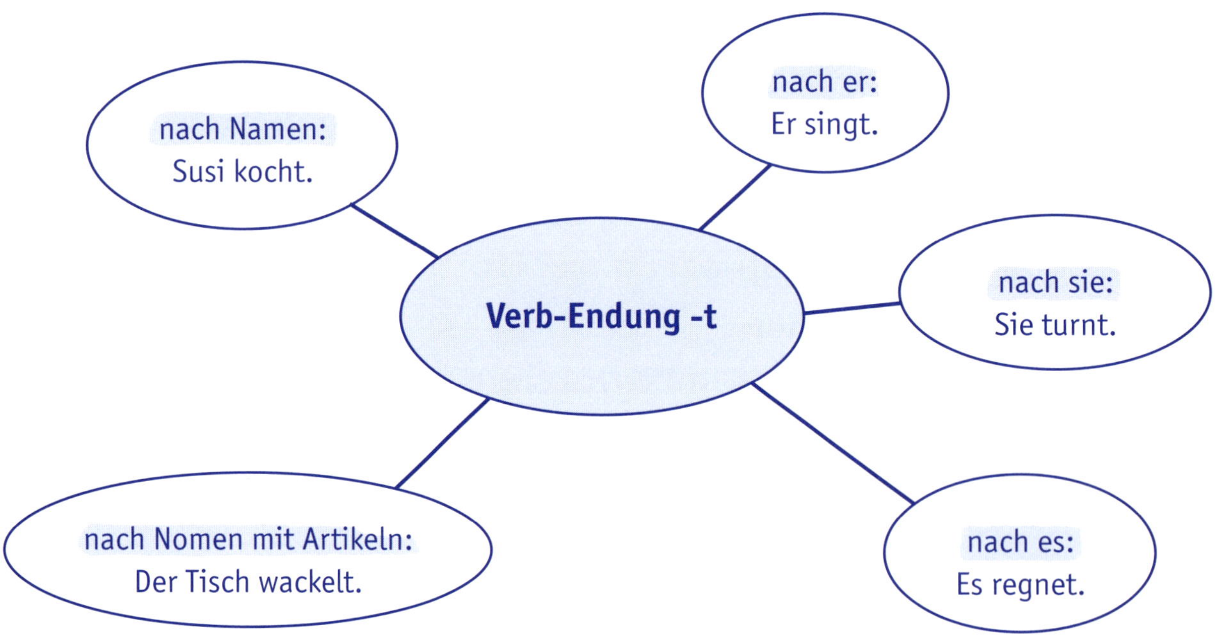

Lies den Text sorgfältig und unterstreiche die Verben mit einem Buntstift.
Verwende ein Lineal! Ringle bei jedem Verb die Endung -t ein.

Heute scheint die Sonne besonders warm. Niko packt seine Badetasche und macht sich auf den Weg. An der Bushaltestelle wartet schon sein Freund Marko auf ihn. Der Bus kommt und Niko steigt gleich ein. „Dort läuft Nina!", ruft Marko plötzlich. Das Mädchen übersieht einen Stein und stolpert. Ninas Knie blutet. Sofort springt Niko wieder aus dem Bus. Er hilft ihr beim Aufstehen und Marko gibt der Freundin ein Taschentuch. Der Bus fährt ohne die Kinder ab.

(15 Verben)

Schreib den folgenden Text in dein Übungsheft, ändere aber die Geschichte so um, dass sie nur von einem Kind erzählt, z. B. „Peter" oder „er".

Peter und Paul spielen gern Fußball. Jeden Sonntag fahren sie mit ihrem Vater auf einen Fußballplatz. Die beiden ziehen dafür immer ihre Trikots an. Schnell laufen die Buben über den Rasen. Geschickt führen sie den Ball und schießen gezielt in das Tor. Peter und Paul haben immer großen Spaß. Sie lernen jede Woche etwas Neues dazu.

In diesen Sätzen fehlen die Verben. Aber, Achtung, hier stehen sie in der Nennform – du musst sie in die 3. Person EZ setzen!
läuten – trinken – bleiben – verlassen – stehen – essen – gehen – wohnen – kommen

Jeden Morgen __________ Sabines Wecker pünktlich um 7 Uhr. Sie __________ danach noch 10 Minuten im Bett, dann __________ sie auf und __________ ins Badezimmer. Zum Frühstück __________ sie am liebsten warmen Kakao und __________ ein Stück Striezel dazu. Um 10 vor 8 __________ Sabine das Haus, denn sie __________ direkt gegenüber der Schule. So __________ sie immer pünktlich zum Unterricht.

Quiz 3

In den letzten Kapiteln hast du sehr viel gelernt. Auf dieser Quizseite sollst du nun überprüfen, ob du dir alles gemerkt hast.
Beantworte die folgenden Fragen:

Welcher Wortart gehört ein Wort an, wenn es die Endsilbe „ung“ hat?

___

Mit welchem Buchstaben endet ein Verb in der 3. Person Einzahl in der Gegenwart (bis auf eine Ausnahme)?

___

Warum wird das Verb „turnen“ im folgenden Satz mit großem Anfangsbuchstaben geschrieben?

Alexander hat sich beim Turnen verletzt.

___

Nenne zwei Vorsilben, die mit „v“ geschrieben werden:

___

Warum wird im folgenden Satz das Adjektiv „lustige“ klein geschrieben, obwohl es auf das Wort „das“ folgt?

Willi will schon bald das lustige Spiel weiterspielen.

___

Nenne drei Wörter, in denen du „v“ schreiben musst, es aber wie „w“ klingt!

___

Setze die passende Endsilbe ein:

Verbesser ____, Hinder ____, Krank ____, Übel ____,
Freund ____, Reich ____, Schick ____

Setze nun die Endsilben in der gleichen Reihenfolge in das Lernsätzchen ein:

Endet das Wort auf

___, ___, ___, ___, ___, ___, ___,
i__ es ein ______, auf j______ ______!

Reime mit (Alle Wörter, die du einsetzt, haben ein „v".):

Spazierst du durch den Wald ein Weilchen,
so findest du bestimmt ein __________.

Jeder __________ hat einen Krater,
erfährt jetzt Paul von seinem __________.

Der Badeanzug, sehr adrett,
ist rosa, schwarz und __________.

Elvira isst in aller Stille
ihr Eis mit Erdbeer und __________.

Der Pianist stellt sein Glas Bier,
während er spielt, auf das __________.

Meine Schwester, die Sabine,
spielt seit kurzem __________.

Suche im folgenden Rätsel alle Nomen:

F	Ü	R	S	T	E	N	T	U	M	E	H	D
R	U	H	T	A	S	A	T	A	L	I	I	B
E	W	E	I	C	H	H	E	I	T	G	N	E
C	L	E	M	W	Ö	R	R	R	T	E	D	A
H	E	R	M	G	E	U	F	R	U	N	E	C
H	N	D	U	E	N	N	S	T	P	H	R	H
E	A	H	N	U	N	G	I	U	T	E	N	T
I	E	I	G	E	N	T	U	M	Z	I	I	U
T	G	E	S	U	N	D	H	E	I	T	S	N
E	E	N	T	S	C	H	E	I	D	U	N	G

Lies nun die übrig gebliebenen Buchstaben von links oben nach rechts unten!

Dehnungs-h

Lang gesprochene Vokale oder Umlaute werden meistens durch ein stummes h gedehnt.

ah	er nahm, fahren, Wahl, Kahn, er sah, zahlen ...	aber: er kam
eh	stehlen, nehmen, dehnen ...	aber: beten
ih	ihm, ihn, ihr, ihre, ihren, ihnen	Es gibt nur diese Wörter!
oh	Lohn, Sohn, roh, Wohnung ...	aber: Thron
uh	Ruhm, Stuhl, Kuh ...	aber: Schule
äh	wählen, nähen ...	aber: quälen
öh	stöhnen, verwöhnen, Föhn ...	aber: tönen
üh	rühmen, führen, Gebühr ...	aber: für

Achtung: Es gibt auch Wörter, die gleich klingen, aber durch ihre unterschiedliche Schreibung eine andere Bedeutung haben:
Bitte schlage die Bedeutungen dieser Wörter in deinem Wörterbuch nach!

Wahl – Wal **Sohle – Sole** **dehnen – denen** **Mahl – Mal**

Diese Bilder sollen dich beim Lernen unterstützen:

Schreib die Geschichte in dein Übungsheft. Setze die fehlenden Buchstaben sinngemäß richtig ein. Du wirst bemerken, dass immer ein Vokal oder ein Umlaut und das „stumme h" fehlen:

Die 4a soll ___re Klassensprecher w___len. Die Frau L___rerin teilt die W___lzettel aus. Alle sitzen auf ___ren St___len und sehen einander an. Schließlich notieren sie die Namen ___rer Favoriten. Z___n Kinder wurden gew___lt. Nach dem Ausz___len st___t fest: Thomas und Karin haben die meisten Stimmen erhalten. Die beiden n___men die W___l an. Nun kann die Frau L___rerin im Unterricht fortf___ren.

Ordne die folgenden Wörter in deinem Übungsheft nach ihrer Wortfamilie und versuche, den Familiennamen herauszufinden. Du wirst erkennen, dass verwandte Wörter immer wieder ein stummes h haben:

Dehnung – Ruhm – wir nehmen – dehnbar – Föhn – Sehkraft – Ausnahme – rühmen – ich nahm – gedehnt – geföhnt – Lehrer – Föhnfrisur – berühmt – gesehen – gelehrig – sie sah – Lehrkraft

Für besonders Fleißige:
Schreib Sätze in dein Heft, aus denen die Bedeutung dieser Wörter hervorgeht!

Finde jeweils einen anderen Ausdruck (Achtung: in jedem Wort ist ein stummes h), nur im Lösungswort ist eine andere Rechtschreibschwierigkeit – welche?

Haartrockner

Bezahlung für eine Arbeit

Kaffee reiben

ausweiten

Geld, das für eine Teilnahme zu bezahlen ist

nicht gekocht

ein Essen

aussuchen

Sessel

rauben

Ziffern

i/ie/ih/ieh-Wörter

Der Vokal i kann auf mehrere Arten gedehnt werden.

i	Selbst das einfache i klingt manchmal gedehnt!	dir, mir, wir, gibt, Igel, Tiger, Biber, Bibel, Vampir
ie	Das ist die häufigste Art, das i zu dehnen.	die, sie, sieben, lieb, nie, spielen u. v. a.
ih	Es gibt nur wenige Wörter mit ih.	ihm, ihn, ihr, ihre, ihren, ihnen
ieh	Diese Wörter werden durch ieh gedehnt.	ziehen, fliehen, wiehern, Vieh

Achtung: Es gibt auch Wörter, die gleich klingen, aber durch ihre unterschiedliche Schreibung eine andere Bedeutung haben:
Bitte schlage die Bedeutungen dieser Wörter in deinem Wörterbuch nach!

Lid – Lied **Mine – Miene** **Stil – Stiel** **wider – wieder**

Diese Bilder sollen dich beim Lernen unterstützen:

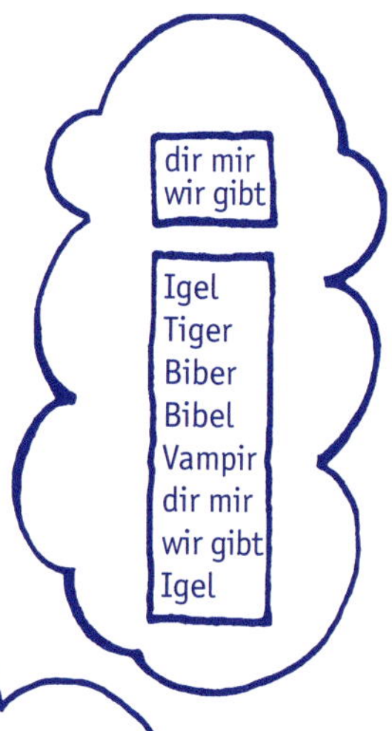

Schreib die Sätze in dein Übungsheft. Setze i oder ie sinngemäß richtig ein:

Birgit steht vor dem Spiegel und schminkt ihr Augenl d mit blauem L dschatten.
Helene ist fröhlich und trällert ein lustiges L d.
Die M ne meines Drehbleistiftes ist abgebrochen.
Ist das ein Grund, eine finstere M ne zu machen?
Die Lehrerin lobt den guten St l in Norberts Aufsätzen.
Den Stängel einer Blume nennt man auch St l.
Sandra empfindet den Geschmack von Knoblauch als w derlich.
Wirst du übermorgen w der in die Schule kommen?

Für besonders Fleißige: Notiere die Bedeutungen der acht Wörter, die du eben eingesetzt hast.

S benT ger l gen   n der Sonne.
D   gel und d B ber s nd Waldbewohner.
V le Menschen lesen   n der B bel.
Es g bt keine Vamp re.
N mand h lft d r und m r.
W b st du h rher gekommen?
F ndest du alleT re l b?
L gen d H mbeeren   n der Küche?
S nd S d L bl ngstante meiner Freund n?

Trainiere die Wörter mit ih:
Setze das fehlende h ein und schreib die Wortgruppen in dein Übungsheft:

mit i m spazieren gehen, i n begrüßen, mit i r spielen, i re Puppe ausborgen, i nen begegnen, i m helfen, für i n da sein, i r entgegnen, i nen ausweichen, i ren Freund kennen lernen, i re Sorgen verstehen, mit i m lachen, i n unterstützen, i r nachlaufen

---

Ordne die folgenden Wörter in deinem Übungsheft nach ihrer Wortfamilie und versuche, den Familiennamen herauszufinden. Du wirst erkennen, dass verwandte Wörter immer wieder ein ieh haben, ringle es jeweils ein:

Viehmarkt – Beziehung – Nutzvieh – er flieht – anziehen – wiehernd – es zieht – Fliehkraft – Ziehbrunnen – gewiehert – Erziehung – wir fliehen – ausziehen – Viehhändler – Ziehung – Viehherde – abziehen – wiehern – Ziehharmonika – umziehen

Doppelvokale

Es gibt nur wenige Wörter mit aa, ee, oo.
Es ist eine weitere Möglichkeit, die Vokale als gedehnt (lang gesprochen) zu kennzeichnen.

aa	Aal, Aas, Haar, Waage, paar, Paar, Saal, Saat, Staat
ee	Beere, Beet, Fee, Kaffee, Klee, Tee, See, Schnee, Speer, Teer, Idee, Meer, Heer, Armee, leer
oo	Boot, Moor, Moos, Zoo

Am besten, du merkst dir diese Wörter auswendig!
Bedenke, dass auch die Wörter der Wortfamilien mit aa, ee oder oo geschrieben werden (Boot – Boote, Ruderboot, Bootsfahrt ...)

Ausnahme: der Saal – die Säle, Haar – Härchen usw.

Die Merksätze können dich beim Lernen unterstützen:

aa

Ein paar Aale ohne Haare liegen im Saale auf der Waage.

ee

Die Fee trinkt lieber Tee als Kaffee und schwimmt lieber im See als im Meer. Sie hat die Idee, im Beet Klee und Beeren zu pflanzen, doch leider liegt noch Schnee.

oo

Das alte Boot des Zoodirektors steht im Moor und ist ganz mit Moos bewachsen.

Schreib die Sätze in dein Übungsheft. Setze die fehlenden Doppelvokale sinngemäß richtig ein:

Im Winter liegt Schn___, im Sommer blüht Kl___.
F___n haben meistens lange H___re.
Im Z___ leben viele exotische Tiere.
Claudia möchte T___ trinken und eine Erdb___rtorte essen, Sonja trinkt Kaff___ und knabbert ein p___r Kekse dazu.
Bei gutem Wind kann man am M___r und an einem S___ viele Segelb___te beobachten.
Das elegante P___r bewegt sich im Tanzs___l zur Musik.
Das S___tgut liegt bereits auf der W___ge bereit.
Fast jeder St___t verfügt über eine eigene Arm___.
Hast du eine Id___, wie ich meine H___re frisieren könnte?
Die Steinumfassung des Blumenb___tes ist m___sbewachsen.

Ordne die folgenden Wörter in deinem Übungsheft nach ihrer Wortfamilie:

Meeresblick – schneeweiß – aalglatt – Körperbehaarung – Flussaal – Kopfhaar – Neuschnee – Beete – Haarspange – Mittelmeerraum – Aalfang – Tulpenbeet – Schneemann – Rosenbeet – Weltmeere

Aus den folgenden Wortfamilien hast du jeweils drei Wörter gefunden:
Haar, Aal, Meer, Schnee, Beet.

Finde jeweils einen anderen Ausdruck (Achtung: In jedem Lösungswort ist ein Doppelvokal.):

ein Sumpfgebiet – ______________
ein Tierpark – ______________
eine verwesende Tierleiche – ______________
Früchte, die im Wald auf Sträuchern wachsen – ______________
ein schlangenförmiger Raubfisch – ______________
ein Messgerät, auf dem Gewicht gemessen wird – ______________
ein Sportgerät zum Werfen – ______________
ein kleines Schiff – ______________
grüner Glücksbringer mit vier Blättern – ______________
schwarzer Straßenbelag – ______________
__________ und __________ bezeichnen eine große Menge von Soldaten
zwei Gewässer (Süßwasser und Salzwasser) – ________ und ________

ß-Wörter

Das ß wird stimmlos gesprochen und ist dir sicher als „scharfes s“ bekannt.
Es gibt nur mehr wenige Wörter mit ß.

Nach einem lang gesprochenen Vokal oder Umlaut:	ohne Dehnungszeichen (stummes h)	der Fuß groß Straße Maßband grüßen
Nach ie:	gießen, fließen, spießen es gießt, es fließt, aufge- spießt	
Nach au:	außen, draußen	aber: sausen, brausen
Nach ei:	reißen, beißen, heißen es reißt, er beißt, sie heißt	aber: leise, Geist
Merke:	Das ß kann nur in der Mitte oder am Ende eines Wortes stehen.	
Auch das musst du wissen:	Bei den Wörtern mit ei und ß kann es innerhalb der Wortfamilie zu folgender Veränderung kommen: beißen – sie biss reißen – es riss aber: heißen – er hieß	

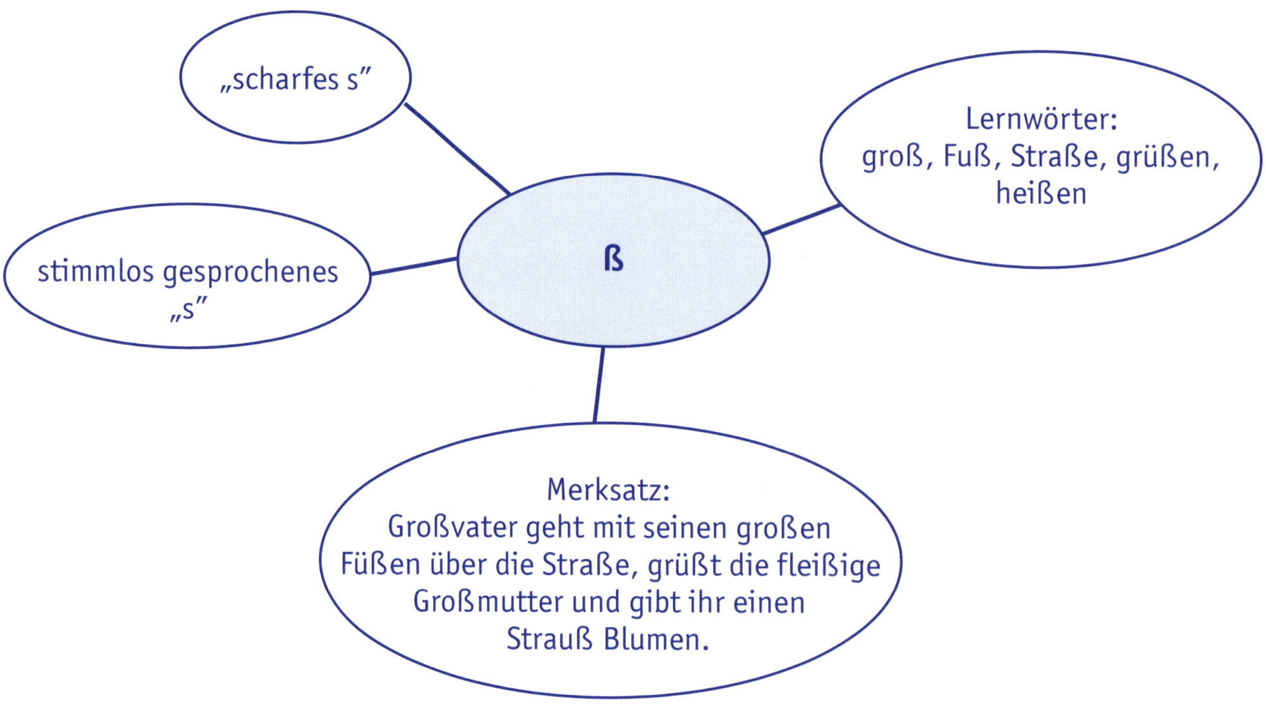

Schreib die Sätze in dein Übungsheft. Setze die Wörter aus der Wortfamilie Fuß richtig ein:
Fußballspiel, Fußgänger, Fußballplatz, Fuße, Fußballschuhen, Fuß, Füßen

Letzten Samstag ging Jan zu ______ zum ______________ am ________ des Hausberges. Mit seinen neuen ______________ an den ________ freute er sich schon sehr auf ein ______________ mit seinen Freunden. Freundlich grüßte er alle ____________, die ihm entgegenkamen.

Hier darf gereimt werden. Schreibe die fehlenden Wörter darunter:

er heißt	außen	spießen	Maße
es r______	dr________	g________	Str______
Grieß	Fuß	beißen	heiß
Sp______	Gr_____	h_______	w______

Für besonders Fleißige:
Suche jeweils Wörter aus der Wortfamilie, die auch mit ß geschrieben werden und schreib sie in dein Heft!

Löse die folgenden Rätsel (Achtung: In jedem Lösungswort ist ein ß.):

Ein dünner Faden kann leicht _________________.

Was besteht aus Fahrbahn, Gehsteig und Häuserzeile?

____

Greif nicht auf die Herdplatte, denn sie ist ______________.

Wie heißt das Gegenteil von klein?

____

Wie heißt die Farbe des Schnees?

____

Ein Babybrei besteht meistens aus Milch und _________.

Wie heißt ein großer Laufvogel?

____

Lauf nicht drinnen, sondern _______________!

Mit den Zähnen kann man _____________.

Wenn man jemanden trifft, den man kennt, dann ___________ man.

Quiz 4

In den letzten Kapiteln hast du sehr viel gelernt. Auf dieser Quizseite sollst du nun überprüfen, ob du dir alles gemerkt hast.
Beantworte die folgenden Fragen:

Wie wird die Mehrzahl von Wörtern gebildet, die in der Einzahl ein Doppel-a haben?

Wie heißen die sechs Wörter, die man mit „ih“ schreibt?

Was bewirkt ein „stummes h“ nach einem Vokal?

Wo darf auf gar keinen Fall ß geschrieben werden, außer natürlich am Wortanfang?

Ergänze die fehlenden Buchstaben (ß, i, ie, oder ih) in Frau Tratschmeisters Telefongespräch:

Ich sage __nen, Frau Pimperl,
__n unserer Stra__e gibt es ein
K__nd, das n__ grü__t! __mmer
w__der muss __ch d__ Kleine daran
er__nnern, wenn __ch s__ drau__en treffe.
__ch wei__ n__cht einmal, w__ d__ses
ungezogene K__nd hei__t, __st denn das
d__ Mögl__chkeit? W__ meinen S__ das –
__ch soll zuerst grü__en, das können
S__ doch n__cht __m Ernst so
meinen, oder?

Reime mit:
(Alle Wörter, die du einsetzt, haben einen Doppelvokal.)

Alexandra geht ganz froh
zu den Tieren in den ________.

Damit sie schön ist, wunderbar,
steckt sie Kämme in ihr ______.

Statt Forellen jedes Mal
fängt Max einen großen ______.

Der Kübel ist ja gar nicht schwer,
denn er ist schon lange ______.

Damit sie schlank bleibt alle Tage,
stellt Nadine sich auf die ________.

Es ist zwar schon ein bisschen spät,
doch Erich gießt noch rasch sein ______.

Löse das folgende Silbenrätsel, alle Lösungswörter gehören den Wortfamilien „nähen", „fahren" oder „wohnen" an.

werden bei der Verkehrskontrolle vom Autolenker verlangt

dort lernen die Erwachsenen das Lenken von Autos

damit kannst du Stoffe verarbeiten

darin kann man seinen Urlaub auf dem Campingplatz verbringen

dort leben die Leute von nebenan

BAR – BIL – FAHR – FAHR – LE – MA – MO – NACH – NÄH – NE –
NUNG – PA – PIE – RE – SCHI – SCHU – WOH – WOHN – ZEUG

In den grauen Feldern erscheint nun von oben nach unten das Lösungswort!

Schwierige Wörter

Auf dieser Seite findest du Wörter, deren richtige Schreibung Kindern manchmal schwer fällt. Merke du sie dir gut!

ai:	Es gibt nur wenige Wörter mit der Buchstabenverbindung „ai“.	Mai, Hai, Kaiser, Laib, Saite, Hain, Laie, Laich, Waise
dt:	Es gibt nur wenige Wörter mit der Buchstabenverbindung „dt“.	Stadt, er lädt mich ein, gewandt sein, ein Verwandter
Drei Konsonanten:	Bei zusammengesetzten Wörtern können drei Konsonanten aufeinander treffen.	Schwi**mmm**eister Sauersto**fff**lasche Fa**lll**eine usw.
-in/-innen:	Nomen, die die Endsilbe -in haben, enden in der Mehrzahl auf -innen.	Lehrer**in** – Lehrer**innen** Schüler**in** – Schüler**innen** Freund**in** – Freund**innen** usw.
Merke dir auch diese Wörter gut:	vielleicht – nämlich – bisschen	

Zusammenfassung:

Achte auf die verschiedenen Bedeutungen bei verschiedener Schreibweise:

ein **Laib** Brot – der **Leib** Christi
ein **Laibchen** mit Kürbiskernen essen – ein rotes **Leibchen** anziehen
die **Saite** meiner Gitarre – die **Seite** im Heft
ein Kind ohne Eltern ist **Waise** – etwas auf eine bestimmte **Weise** tun

---

Setze nun ai und ei sinngemäß richtig ein:

Anton hat sein neues L___bchen an, denn heute soll er ein Konzert geben. Geduldig stimmt er die S___ten seiner Violine. Danach schlägt er die richtige S___te in seinem Notenbuch auf und beginnt zu spielen. „Seine Art und W___se, den Bogen zu führen, ist bemerkenswert!", meint eine Dame in der ersten Reihe. „Wussten Sie, dass der Junge in einem W___senhaus lebt?", gab ihre Nachbarin zurück. „Er hat es beil___be nicht einfach", bekräftigte der bel___bte Herr zu deren Linken.

Schreib den folgenden Text in dein Übungsheft, setze dabei alle weiblichen Nomen in die Mehrzahl:

Die Kindergärtnerin erzählt ihren Kindern oft und gern Märchen. Das letzte Märchen handelte von einer Prinzessin und von einer Königin. Auch eine Dienerin kam darin vor. Die Helferin der Gruppe hört auch sehr gerne beim Vorlesen zu.

Ordne die folgenden Wörter in deinem Übungsheft nach ihrer Wortfamilie und versuche, den Familiennamen herauszufinden. Ringle das „dt" jeweils ein:

Stadtspaziergang – Verwandtschaft – Radstadt – artverwandt – Verwandte – städtisch – Städtchen – Eisenstadt – Hauptstadt – verwandtschaftlich – Verwandtschaftsgrad – verwandt

---

Schreibe die folgenden Wörter in deinem Heft jeweils eine Minute lang richtig untereinander:

vielleicht
nämlich
bisschen

Satzzeichen

Auf dieser Seite findest du einen groben Überblick über die wichtigsten Satzzeichen.

Aussagesatz oder Erzählsatz:	Rudi war im Kino.	Am Ende steht ein Punkt.
Fragesatz:	Warst du auch im Kino?	Am Ende steht ein Fragezeichen.
Ausrufesatz oder Befehlssatz:	Der Film war toll! Geh doch mit!	Am Ende steht ein Rufzeichen.
Lange Sätze:	Am nächsten Sonntag werde ich, wenn es die Zeit zulässt, ins Kino gehen.	Sie werden durch Beistriche gegliedert.
Direkte Rede:	Tom fragte: „Kommst du mit ins Kino?“ „Ja, gerne!“, antwortete ich.	Sie steht innerhalb der Redezeichen.

Die Beistrichsetzung ist im Lehrplan der Volksschule noch nicht ausführliches Thema – darum hier nur ein unvollständiger Überblick:

Setze in der folgenden Übung die Redezeichen richtig ein:

Moritz fragt seine Kusine Alina fast täglich: Spielst du mit mir Cowboy und Indianer? Meistens antwortet Alina dem Kleinen geduldig: Nein, es tut mir Leid, aber ich muss lernen. Das ist aber schade! , mault Moritz dann regelmäßig. Mit dir kann man nämlich so wunderbar spielen. Meistens lässt sich die große Kusine dann doch noch überreden. Na, komm her, mein kleiner Cowboy! , meint sie dann freundlich, und sie spielen eine halbe Stunde miteinander.

. ? oder ! Entscheide dich für das richtige Satzzeichen!

So eine Hetzerei

Ist dein Koffer schon gepackt

Ich nehme zwei Pullover und eine Hose mit

Soll ich lieber die blauen oder die braunen Schuhe anziehen

Lass mich in Ruhe

Gliedere die folgenden Sätze sinnvoll durch Beistriche:

Steffi Jasmin Klara und Sabine treffen sich jeden Samstag im Eissalon. Steffi bestellt immer Bananensplit Klara isst jedes Mal Birne Helene. Sabine die gern Obst isst entscheidet sich meistens für den Früchtebecher. Jasmin aber stellt wöchentlich die gleiche Frage: „Steffi was soll ich heute bloß essen?“ „Du wirst dich nie ändern Jasmin!“ stellt Steffi dann immer lachend fest.